Зантос, ед. Дам ... ...

1/е

1964.

——— ——

Zontes et dans la Rivière

T/e   1964.

SATIRES

*DV SIEVR D****

A PARIS,

Chez {

LOUIS BILLAINE,
DENYS THIERRY,
FREDERIC LEONARD,
ET
CLAUDE BARBIN.

M. DC. LXVIII.

AVEC PRIVILEGE DV ROI.

LE LIBRAIRE

AU LECTEUR.

Oicy le dernier Ouvrage qui est sorti de la plume *du Sieur D***. L'Auteur aprés avoir écrit contre tous les Hommes en general a crû qu'il ne pouvoit mieux finir qu'en écrivant contre lui-mesme, que c'estoit le plus beau champ de Satire qu'il pust trouver. Peut-estre que ceux qui ne sont pas fort instruits des demeslez du Parnasse, & qui n'ont pas beaucoup leu les autres Satires du mesme Auteur, ne verront pas tout l'agrément de celle-ci, qui n'en est, a bien parler, qu'une suite. Mais je ne doute point que les gens de Lettres, & ceux sur tout qui ont le goust délicat ne lui donnent le prix, comme à celle où il y a le plus d'art, d'invention & de finesse d'esprit. Il y a déja du temps qu'elle est faite: l'Auteur s'estoit en quelque sorte resolu de ne la jamais publier. Il vouloit bien épargner ce chagrin aux Auteurs qui s'en pourront choquer. Quelques Libelles diffamatoires que l'Abbé Kautain & plusieurs autres eussent fait imprimer contre lui; s'en tenoit assez vangé par le mépris que tout le monde a fait de leurs Ouvrages, qui n'ont esté leus de personne, & que l'impression mesme n'a pû rendre publics. Mais une Copie de cette Satire eſtant tombée, par une fatalité inévitable, entre les mains des Libraires, ils ont reduit l'Auteur a recevoir encore la loi d'eux. C'eſt donc à moi qu'il a confié l'original de ſa piece, & il l'a accompagné d'un petit Diſcours en Proſe, où il juſtifie par l'autorité des Poëtes anciens & modernes la liberté qu'il s'eſt donnée dans ſes Satires. Je ne doute donc point que le Lecteur ne ſoit bien aiſe du preſent que je lui en fais.

SATIRE

IX.

'EST à vous, mon Esprit, à qui je veux parler:
Vous avez des defaux que je ne puis celer:
Assez & trop long-temps ma lâche complaisance
De vos jeux criminels à nourri l'insolence:
Mais puisque vous poussez ma patience à bout,
Vne fois en ma vie il faut vous dire tout.
   On croiroit, à vous voir dans vos libres caprices,
Discourir en Caton des vertus & des vices,
Decider du merite & du prix des Auteurs,
Et faire impunément la leçon aux Docteurs,
Qu'étant seul à couvert des traits de la Satire,
Vous avez tout pouvoir de parler & d'écrire.

A ij

Mais moi qui dans le fond ſçai bien ce que j'en crois,
Qui conte tous les jours vos defaux par mes doigts;
Ie ris, quand je vous vois ſi foible & ſi ſterile
Prendre ſur vous le ſoin de reformer la ville,
Dans vos diſcours chagrins plus aigre & plus mordant,
Qu'une femme en furie, ou Gotier en plaidant.
Mais répondés un peu. Quelle verve indiſcrete,
Sans l'aveu des neuf Sœurs, vous a rendu Poëte?
Sentiez-vous, dites-moi, ces violens tranſports,
Qui d'un eſprit divin font mouvoir les reſſorts?
Qui vous a pû ſouffler une ſi folle audace?
Phebus a-t-il pour vous applani le Parnaſſe?
Et ne ſçavez-vous pas, que ſur ce Mont ſacré,
Qui ne vole au ſommet tombe au plus bas degré,
Et qu'à moins d'eſtre au rang d'Horace ou de Voiture,
*On rampe dans la fange avec l'Abbé de P***
Que ſi tous mes efforts ne peuvent reprimer
Cet aſcendant malin qui vous force à rimer,
Sans perdre en vains diſcours, tout le fruit de vos veilles,
Oſez chanter du Roi les auguſtes merveilles:
Là, mettant à profit vos caprices divers,
Vous verriez tous les ans fructifier vos vers;
Et par l'eſpoir du gain voſtre Muſe animée,
Vendroit aux poids de l'or une once de fumée.

Mais en vain, direz-vous, je pense vous tenter
Par l'éclat d'un fardeau trop pesant à porter.
Tout Chantre ne peut pas, sur le ton d'un Orphée,
Entonner en grands vers, LA DISCORDE ETOUFFE'E;
Peindre BELLONE EN FEU TONNANT DE TOUTES PARTS,
ET LE BELGE EFRAYE' FUYANT SUR SES RAMPARTS.
Sur un ton si hardi, sans estre temeraire,
Racan pourroit chanter au defaut d'un Homere.
Mais pour Kautain & moi, qui rimons au hasard:
Que l'amour de blâmer fit Poëtes par art;
Quoi qu'un tas de Grimauds vante nostre éloquence,
Le plus seur est pour nous de garder le silence.
Vn Poëme insipide & sottement flateur
Deshonnore à la fois le Heros & l'Auteur:
Enfin de tels projets passent nostre foiblesse.
    Ainsi parle un Esprit languissant de mollesse,
Qui sous l'humble dehors d'un respect affecté,
Cache le noir venin de sa malignité.
Mais deussiez-vous en l'air voir vos aîles fonduës,
Ne valoit-il pas mieux vous perdre dans les nuës,
Que d'aller sans raison, d'un stile peu Chrestien,
Faire insulte en rimant à qui ne vous dit rien,
Et du bruit dangereux d'un Livre temeraire,
A vos propres perils enrichir le Libraire?

Vous-vous flattez peut-estre en vostre vanité,
D'aller comme un Horace à l'immortalité :
Et déja vous croyez, dans vos rimes obscures,
*Aux Saumaizes * futurs preparer des tortures.*
Mais combien d'Ecrivains d'abord si bien receus,
Sont de ce fol espoir honteusement deceus ?
Combien pour quelques mois ont veu fleurir leur Livre,
Dont les vers en pacquet se vendent à la livre ?
Vous pourrez voir un temps vos Escrits estimez,
Courir de main en main par la ville semez :
Puis delà tout poudreux, ignorez sur la terre,
Suivre chez l'Epicier Neuf-Germain & la Serre :
Ou, de trente feüillets reduits peut-estre à neuf,
Parer demy rongez les rebords du Pont-neuf.
Le bel honneur pour vous, en voyant vos Ouvrages
Occuper le loisir des Laquais & des Pages,
Et souvent dans un coin renvoyez à l'écart,
*Servir de second Tome aux airs du Savoyard. **

Mais je veux que le Sort par un heureux caprice,
Fasse de vos Escrits prosperer la malice :
Et qu'enfin vostre Livre aille au gré de vos vœux.
Faire sifler Kautain chez nos derniers Neveux ;
Que vous sert-il qu'un jour l'avenir vous estime,
Si vos vers aujourd'huy vous tiennent lieu de crime,

Et ne produisent rien, pour fruit de leurs bons mots,
Que l'effroy du public, & la haine des Sots?
Quel Demon vous irrite, & vous porte à médire?
Vn Livre vous déplaist. Qui vous force à le lire?
Laissez mourir un Fat dans son obscurité.
Vn Auteur ne peut-il pourir en seureté?
Le Ionas inconnu seche dans la poussiere:
Le David imprimé n'a point veu la lumiere:
Le Moïse commence à moisir par les bords:
Quel mal cela fait-il? ceux qui sont morts sont morts.
Le tombeau contre vous ne peut-il les deffendre?
Et qu'ont fait tant d'Auteurs pour remuer leur cendre?
Que vous ont fait Perrain, Bardin, Mauroy, Bursaut,
Colletet, Pelletier, Titreville, Kainaut,
Dont les noms en cent lieux, placés comme en leurs niches,
Vont de vos vers malins remplir les hemistiches?
Ce qu'ils font vous ennuie. O le plaisant détour!
Ils ont bien ennuié le Roy, toute la Cour;
Sans que le moindre Edit ait, pour punir leur crime,
Retranché les Auteurs, ou supprimé la Rime.
Escrive qui voudra; chacun à ce métier
Peut perdre impunément de l'encre & du papier,
Vn Roman, sans blesser les loix ny la coûtume,
Peut conduire un Heros au douzième volume:

Poëmes
Heroï-
ques qui
n'ont
point
été ven-
dus.

Delà vient que Paris void chez luy de tout temps,
Les Auteurs à grands flots déborder tous les ans:
Et n'a point de Portail, où, jusques aux corniches,
Tous les Piliers ne soient enveloppez d'affiches.
Vous seul plus dégoûté, sans pouvoir, & sans nom,
Viendrez regler les droits, & l'estat d'Apollon?
Mais vous, qui raffinez sur les Escrits des autres,
De quel œil pensez-vous qu'on regarde les vostres?
Il n'est rien en ce temps à couvert de vos coups.
Mais sçavez-vous aussi, comme on parle de vous?
    Gardez-vous, dira l'un, de cet Esprit critique:
On ne sçait bien souvent quelle mouche le pique:
Mais c'est un jeune Fou, qui se croit tout permis,
Et qui pour un bon mot va perdre vingt amis:
Il ne pardonne pas aux vers de la Pucelle,
Et croit regler le monde au gré de sa cervelle,
Iamais dans le Barreau trouva-t-il rien de bon?
Peut-on si bien prescher qu'il ne dorme au Sermon?
Mais lui, qui fait icy le Regent du Parnasse,
N'est qu'un gueux revestu des dépoüilles d'Horace.
Avant luy Iuvenal avoit dit en Latin,
Qu'on est assis à l'aise aux Sermons de Kautain.
L'un & l'autre avant luy s'estoient plaints de la Rime:
Et c'est aussi sur eux qu'il rejette son crime:

Il cherche à se couvrir de ces noms glorieux.
I'ai peu leu ces Auteurs : mais, tout n'iroit que mieux,
Quand de ces Médifans l'engeance toute entiere
Iroit la teste en bas rimer dans la riviere.

Voilà comme on vous traite : & le monde effraié
Vous regarde déja comme un homme noié.
En vain quelque Rieur prenant vostre deffense,
Veut faire au moins de grace adoucir la sentence :
Rien n'appaise un Lecteur toûjours tremblant d'effroy,
Qui void peindre en autruy ce qu'il remarque en soy.
Vous ferez-vous toûjours des affaires nouvelles ?
Et faudra-t-il sans cesse essuyer des querelles ?
N'entendrai-je qu'Auteurs se plaindre & murmurer ?
Iusqu'à quand vos fureurs doivent-elles durer ?
Répondez, mon Esprit ; ce n'est plus raillerie :
Dites.... mais, direz-vous. Pourquoy cette furie ?

Quoy ? pour un maigre Auteur, que je gloze en passant,
Est-ce un crime aprés tout, & si noir & si grand ?
Et qui voyant un Fat s'aplaudir d'un Ouvrage,
Ou la droite raison trébuche à chaque page,
Ne s'écrie aussi-tost : L'impertinent Auteur !
L'ennuyeux Escrivain ! le maudit Traducteur !
A quoy bon mettre au jour tous ces discours frivoles,
Et ces riens enfermez dans de grandes paroles ?

B

Est-ce donc là médire, ou parler franchement ?
Non, non, la Médisance y va plus doucement.
Si l'on vient à chercher, pour quel secret mystere,
Alidor à ses frais bâtit un Monastere.
Alidor, dit un Fourbe, il est de mes amis.
Je l'ay connu Laquais, avant qu'il fust Commis.
C'est un homme d'honneur, de pieté profonde,
Et qui veut rendre à Dieu, ce qu'il a pris au Monde.
  Voilà joüer d'adresse, & médire avec art,
Et c'est avec respect enfoncer le poignard.
Vn esprit né sans fard, sans basse complaisance,
Fuit ce ton radouci que prend la Médisance :
Mais de blâmer des vers, ou durs ou languissans,
De choquer un Auteur qui choque le bon sens,
De railler d'un Plaisant qui ne sçait pas nous plaire;
C'est que tout Lecteur eut toûiours droict de faire.
  Tous les iours à la Cour, un Sot de qualité
Peut juger de travers avec impunité :
A Malherbe, à Racan, preferer Theophile,
Et le clinquant du Tasse, à tout l'or de Virgile.
Vn Clerc, pour quinze sous, sans craindre le hola,
Peut aller au Parterre attaquer Attila :
Et si le Roi des Huns ne lui charme l'oreille,
Traiter de Visigoths tous les vers de Corneille.

Il n'est vallet d'Auteur, ni copiste à Paris,
Qui, la balance en main, ne peze les Escrits.
Dés que l'impression fait éclôre un Poëte,
Il est esclave né de quiconque l'achete :
Il se soûmet lui-mesme aux caprices d'autrui,
Et ses écrits tous seuls doivent parler pour lui.
Vn Auteur à genoux, dans une humble Préface,
Au Lecteur, qu'il ennuie, a beau demander grace ;
Il ne gagnera rien sur ce Iuge irrité,
Qui lui fait son procez de pleine authorité :
  Et je serai le seul qui ne pourrai rien dire ?
On sera ridicule, & je n'oserai rire ?
Et qu'ont produit mes Vers de si pernicieux,
Pour armer contre moi tant d'Auteurs furieux ?
Loin de les décrier, je les ai fait paroître ;
Et souvent, sans ces vers qui les ont fait connoître,
Leur talent dans l'oubli demeureroit caché.
Et qui sçauroit sans moi que Kautain a presché ?
La Satire ne sert qu'à rendre un Fat illustre :
C'est une ombre au tableau qui lui donne du lustre,
En les blâmant enfin, j'ai dit ce que j'en croi,
Et tel, qui m'en reprend, en pense autant que moi.

  Il a tort, *dira l'un,* Pourquoy faut-il qu'il nomme ?
Attaquer Patelain, ah ! c'est un si bon homme :

Balzac en fait l'Eloge en cent endroits divers.
Il est vrai, s'il m'eust crû, qu'il n'eût point fait de vers.
Il se tuë à rimer. Que n'écrit-il en prose?
Voilà ce que l'on dit : & que dis-je autre chose?
En blâmant ses Escrits, ay-je, d'un stile affreux,
Distilé sur sa vie un venin dangereux?
Ma Muse, en l'attaquant, charitable & discrete,
Sçait de l'Homme d'honneur distinguer le Poëte.
Qu'on vante en lui la foi, l'honneur, la probité :
Qu'on prise sa candeur & sa civilité :
Qu'il soit doux, complaisant, officieux, sincere,
On le veut, j'y soufcris, & suis prest de me taire.
Mais que pour un modele on montre ses Escrits,
Qu'il soit le mieux renté de tous les beaux Esprits :
Comme Roi des Auteurs, qu'on l'éleve à l'Empire :
Ma bile alors s'échauffe, & ie brûle d'écrire :
Et s'il ne m'est permis de le dire au papier ;
I'irai creuser la terre, & comme ce Barbier,
Faire dire aux roseaux, par un nouvel orgâne,
MIDAS, LE ROY MIDAS A DES OREILLES D'ASNE.
 Quel tort lui fais-ie enfin? ay-ie par un écrit,
Petrifié sa veine, & glacé son esprit?
Quand un Livre au Palais se vend & se debite :
Que chacun par ses yeux iuge de son merite :

Que Billaine l'étale au deuxiéme Pilier :
Le dégouſt d'un Cenſeur peut-il le décrïer ?
En vain contre le Cid un Miniſtre ſe ligue.
Tout Paris pour Chimene a les yeux de Rodrigue,
L'Academie en corps a beau le cenſurer,
Le Public revolté s'obſtine à l'admirer :
Mais lors que Patelain met un œuvre en lumiere,
Chaque Lecteur d'abord lui devient un Liniere* :
En vain il a receu l'encens de mille Auteurs,
Son Livre en paroiſſant dément tous ſes flateurs.
Ainſi ſans m'accuſer, quand tout Paris le iouë,
Qu'il s'en prenne à ſes vers que Phebus deſavouë :
Qu'il s'en prenne à ſa Muſe Allemande en François.
Mais laiſſons Patelain pour la derniere fois.

   La Satire, dit-on, eſt un métier funeſte,
Qui plaiſt à quelques gens, & choque tout le reſte ;
La ſuite en eſt à craindre, en ce hardi métier
La peur plus d'une fois fit repentir Regnier.
Quittez ces vains plaiſirs, dont l'appas vous abuſe :
A de plus doux emplois occupez voſtre Muſe :
Et laiſſez à Feüillet * reformer l'Univers.
Et ſur quoi donc faut-il que s'exercent mes vers ?
Iray-ie dans une Ode, en Phraſes de Malherbe,
Troubler dans ſes roſeaux le Danube ſuperbe ;

B iij

* Auteur qui a écrit contre lui.

*Fameux Predicateur.

Délivrer de Sion le peuple gemiſſant :
Faire trembler Memphis, ou pâlir le Croiſſant ;
Et paſſant du Jourdain les ondes allarmées,
Cueillir, *mal à propos*, les palmes Idumées ?
Viendray-ie, en une Eglogue, entouré de troupeaux,
Au milieu de Paris enfler mes chalumeaux ;
Et dans mon cabinet aſſis au pié des haiſtres,
Faire dire aux Echos des ſottiſes champeſtres ?
Faudra-t-il de ſens froid, & ſans eſtre amoureux,
Pour quelque Iris en l'air faire le langoureux ;
Lui prodiguer les noms de Soleil & d'Aurore ;
Et toûjours bien mangeant mourir par metaphore ?
Ie laiſſe aux doucereux ce langage affeté,
Où s'endort un Eſprit de molleſſe hebeté.

    La Satire en leçons, en nouveautez fertile,
Sçait ſeule aſſaiſonner le plaiſant & l'utile,
Et d'un vers, qu'elle épure aux rayons du bon ſens,
Détrompe les Eſprits des erreurs de leur temps :
Elle ſeule bravant l'orgueil & l'iniuſtice,
Va iuſques ſous le dais faire pâlir le vice ;
Et ſouvent, ſans rien craindre, à l'aide d'un bon mot,
Va vanger la Raiſon des attentats d'un Sot.
C'eſt ainſi que Lucile, appuié de Lelie,
Fit iuſtice en ſon temps des Kautains d'Italie,

Et qu'Horace iettant le sel à pleines mains,
Se joüoit aux dépens des Pelletiers Romains.
C'eſt elle qui m'ouvrant le chemin qu'il faut ſuivre,
M'inſpira dés quinze ans la haine d'un ſot Livre,
Et ſur ce Mont fameux, où i'oſai la chercher,
Fortifia mes pas, & m'apprit à marcher:
C'eſt pour elle en un mot, que i'ai fait vœu d'écrire.
 Toutefois, s'il le faut, ie veux bien m'en dédire:
Et pour calmer enfin tous ces flots d'ennemis,
Reparer en mes vers les maux qu'ils ont commis.
Puiſque vous le voulez, ie vais changer de ſtile.
Ie le declare donc: Q*** eſt un Virgile:
Burſaut comme un Soleil en nos ans a paru:
Pelletier écrit mieux qu'Ablancour ni Patru:
Kautain à ſes ſermons traînant toute la Terre,
Fend les flots d'Auditeurs, pour aller à ſa chaire:
Sofal eſt le Phenix des Eſprits relevez:
Perrain.... Bon, mon eſprit, courage, pourſuivez.
Mais ne voyez-vous pas que leur Troupe en furie,
Va prendre encor ces vers pour une raillerie?
Et, Dieu ſçait, auſſi-tôt, que d'Auteurs en couroux,
Que de Rimeurs bleſſez s'en vont fondre ſur vous!
Vous les verrez bien-tôt feconds en impoſtures,
Amaſſer contre vous des volumes d'injures,

Traiter dans vos écrits chaque vers d'attentat,
Et d'un mot innocent faire un crime d'estat.
Vous aurez beau vanter le Roi dans vos Ouvrages,
Et de ce Nom sacré sanctifier vos pages :
Qui méprise Kautain, n'estime point son Roi,
Et n'a, selon Kautain, ni Dieu, ni foi, ni loi.

   Mais quoi ? répondrez-vous, Kautain nous peut-il nuire ?
Et par ses cris enfin que sçauroit-il produire ?
Interdire à mes vers, dont peut-estre il fait cas,
L'entrée aux pensions, où ie ne pretens pas ?
Non, pour loüer un Roi que tout l'Vnivers loüe,
Ma langue n'attend point que l'argent la dénoüe,
Et sans esperer rien de mes foibles écrits,
L'honneur de le loüer m'est un trop digne prix.
On me verra toûjours sage dans mes caprices,
De ce mesme pinceau, dont i'ai noircy les vices,
Et peint, du nom d'Auteur tant de Sots reveflus,
Luy marquer mon respect, & tracer ses vertus.

   Ie vous croi : mais pourtant on crie, on vous menace.
Ie crains peu, direz-vous, les Braves du Parnasse.
Hé, mon Dieu ! craignez tout d'un Auteur en couroux,
Qui peut... Quoi ? Ie m'entens. Mais encor ? Taisez-vous.

DISCOVRS
SUR LA
SATIRE.

UAND je donnai la premiere fois mes Satires au Public, je m'estois bien preparé au tumulte que l'impreſſion de mon Livre a excité ſur le Parnaſſe. Je ſçavois que la nation des Poëtes, & ſur tout des mauvais Poëtes, eſt une nation farouche, qui prend feu tres-aiſément, & que ces Eſprits gourmands de loüanges ne digereroient pas facilement une raillerie, quelque douce qu'elle puſt eſtre. Auſſi, oſerai-je dire à mon avantage, que j'ai regardé avec des yeux aſſez Stoïques les libelles diffamatoires qu'on a publiez contre moy. Quelque calomnie dont on ait voulu me noircir ; quelques faux bruits qu'on ait ſemez de ma perſonne ; j'ai pardonné ſans peine ces petites vengeances, au déplaiſir d'un Auteur irrité qui ſe voioit attaqué par l'en-

C

droit le plus fenfible d'un Poëte , je veux dire , par fes Ouvrages.

Mais j'avouë , que j'ai efté un peu furpris du chagrin bizarre de certains Auteurs , qui au lieu de fe divertir d'une querelle du Parnaffe , dont ils pouvoient eftre fpectateurs indifferens , ont mieux aimé prendre parti , & s'affliger avec les Ridicules, que de fe réjouïr avec les Rieurs. C'eft pour les confoler que j'ai compofé la Satire precedente , où je penfe avoir montré affez clairement, que fans bleffer l'eftat ni fa confcience , on peut trouver de méchans vers, méchans, & s'ennuier de plein droit à la lecture d'un fot Livre. Mais puifque ces Meffieurs ont parlé de la liberté que je me fuis donnée de nommer, comme d'un attentat inoüi & fans exemple , & que des exemples ne fe peuvent pas mettre en rimes ; il eft bon d'en dire ici un mot , pour les inftruire d'une chofe qu'eux feuls veulent ignorer , & leur faire voir, qu'en comparaifon de tous mes Confreres les Satiriques, j'ai efté un Poëte fort retenu.

Et pour commencer par Lucilius Satirique premier du nom; quelle liberté, ou plûtoft quelle licence, ne s'eft-il point donnée dans fes Ouvrages? Ce n'eftoit pas feulement des Poëtes & des Auteurs qu'il attaquoit : c'eftoit des gens de la premiere qualité de Rome : c'eftoit des perfonnes confulaires. Cependant Scipion & Lælius ne jugerent pas ce Poëte, tout determiné Rieur qu'il eftoit , indigne de leur amitié, & vrai-femblablement dans les occafions ils ne lui refuferent pas leurs confeils fur fes Efcrits non

plus qu'à Terence : ils ne s'aviferent point de prendre le parti de Lupus & de Metellus, qu'il avoit jouëz
dans fes Satires , & ils ne creurent pas luy donner
rien du leur, en lui abandonnant tous les Ridicules
de la Republique.

> ----*num Lælius, aut qui*
> *Duxit ab oppreßâ meritum Carthagine nomen,*
> *Ingenio offenfi, aut læfo doluere Metello,*
> *Famofisve Lupo cooperto verfibus?*

En effet Lucilius n'épargnoit ni petits ni grands,
& fouvent des Nobles & des Patriciens, il defcendoit
jufqu'à la lie du peuple,

> *Primores populi arripuit, populumque tributim.*

On me dira que Lucilius vivoit dans une Republique , où ces fortes de libertez peuvent eftre per-
mifes. Voions donc Horace qui vivoit fous un Empereur, dans les commencemens d'une Monarchie,
où il eft bien plus dangereux de rire qu'en un autre
temps. Qui ne nomme-t-il point dans fes Satires ?
& Fabius le grand caufeur, & Tigellius le fantaf-
que, & Nafidienus le ridicule, & Tanaïs le chaf-
tré, & tout ce qui vient au bout de fa plume. On
me répondra que ce font des noms fuppofez. O la
belle réponfe ! comme fi ceux qu'il attaque n'eftoient
pas des gens connus d'ailleurs : comme fi l'on ne fçavoit pas que Fabius eftoit un Chevalier Romain qui
avoit compofé un Livre de droit : que Tigellius fut
en fon temps un Muficien cheri d'Augufte : que Nafidienus Rufus eftoit un Ridicule celebre dans Rome:
que Tanaïs eftoit un affranchi de Mecenas. Certai-

Hor.
Sat. 1,
lib. 2.

Hor.
ibid.

Voi
Acr.
Porph.
Suet. v.
d'Aug.

C ij

nement il faut que ceux qui parlent de la forte n'ayent pas fort leu les Anciens , & ne foient pas fort inf-truits des affaires de la Cour d'Augufte. Horace ne fe contente pas d'appeller les gens par leur nom : il a fi peur qu'on ne les méconnoiffe, qu'il a foin de rapporter jufqu'à leur furnom, jufqu'au métier qu'ils faifoient, jufqu'aux charges qu'ils avoient exercées. Voiez , par exemple, comme il parle d'Aufidius Lufcus Preteur de Fondi :

Hor.
Sat. v.
l. 1.

Fundos Aufidio Lufco Prætore libenter

Linquimus, infani ridentes præmia Scribæ,

Prætextam & latum clavum &c.

Nous abandonnafmes , dit-il, avec joye , le Bourg de Fondi , dont eftoit Preteur un certain Aufidius Lufcus : mais ce ne fut pas fans avoir bien ri de la folie de ce Preteur, auparavant Commis , qui faifoit le Senateur & l'homme de qualité. Peut-on défigner un homme plus précifé-ment , & les circonftances feules ne fuffifoient-elles pas pour le faire reconnoiftre ? On me dira peut-eftre , qu'Aufidius eftoit mort alors : Mais Horace parle là d'un voiage fait depuis peu. Et puis com-ment mes Cenfeurs répondront-ils à cet autre paf-fage ?

Hor.
Sat. x.
l. 1.

Turgidus Alpinus jugulat dum Memnona , dumque

Diffingit Rheni luteum caput : hæc ego ludo.

Pendant, dit Horace, que ce Poëte enflé d'Alpinus égor-ge Memnon dans fon Poëme , & s'embourbe dans la defcri-ption du Rhin, je me jouë en ces Satires. Alpinus vivoit donc du temps qu'Horace fe joüoit en ces Satires; & fi Alpinus , en cet endroit , eft un nom fuppofé, l'Auteur du Poëme de Memnon pouvoit il s'y mé-connoiftre ? Horace, dira-t-on, vivoit fous le regne du plus doux de tous les Empereurs : Mais vivons-nous fous un regne moins doux ? Et veut-on qu'un Prince qui a tant de qualitez communes avec Augufte, foit moins dégoûté que lui des méchans Livres, & plus rigoureux envers ceux qui les blâment ?

Examinons pourtant Perfe, qui écrivoit fous le regne de Neron. Il ne raille pas fimplement les Ouvrages des Poëtes de fon temps : il attaque les vers de Neron mefme. Car enfin tout le monde fçait & toute la Cour de Neron le fçavoit, que ces quatre vers, *Torva Mimalloneis* &c. dont Perfe fait une raillerie fi amere dans fa premiere Satire, eftoient des vers de Neron. Cependant on ne remarque point que Neron, tout Neron qu'il eftoit, ait envoié Perfe aux galeres ; & ce Tiran ennemi de la raifon, & amoureux comme on fçait de fes Ouvrages, fut affez galant homme pour entendre raillerie fur fes vers, & ne creut pas que l'Empereur, en cette occafion, deuft prendre les interefts du Poëte.

Pour Juvenal qui floriffoit fous Trajan : il eft un peu plus réfpectueux envers les grands Seigneurs de fon fiecle, il fe contente de répandre l'amertume de fes Satires, fur ceux du regne precedent : mais à l'égard des Auteurs, il ne les va point chercher hors de fon fiecle. A peine eft il entré en matie-re, que le voilà en mauvaife humeur contre tous les Efcrivains de fon temps. Demandez à Juvenal

ce qui l'oblige de prendre la plume. C'eſt qu'il eſt
las d'entendre & la *Thezeide* de Codrus, & l'*Oreſte*
de celui-ci, & *le Telephe* de cet autre, & tous les Poëtes enfin, comme il dit ailleurs, qui recitoient leurs
vers au mois d'Aouſt, *& Auguſto recitantes menſe
Poëtas.* Tant il eſt vrai que le droit de blâmer les
Auteurs eſt un droit ancien, paſſé en coûtume par-
my tous les Satiriques, & ſouffert dans tous les ſie-
cles. Que s'il faut venir des anciens aux modernes,
Regnier, qui eſt preſque noſtre ſeul Poëte Satiri-
rique, a eſté veritablement un peu plus diſcret que
les autres. Cela n'empeſche pas neanmoins qu'il
ne parle hardiment de Gallet ce celebre joüeur qui
aſſignoit ſes creanciers ſur ſept & quatorze, & du Sieur
de Provins *qui avoit changé ſon balandran en manteau
court*, & du Couſin *qui abandonnoit ſa maiſon de peur
de la reparer*, & de Pierre du Puys *& de pluſieurs autres.*

Que répondront à cela mes Cenſeurs? Pour peu
qu'on les preſſe, ils chaſſeront de la Republique
des Letres tous les Poëtes Satiriques, comme autant
de perturbateurs du repos public. Mais que diront-ils
de Virgile, le ſage, le diſcret Virgile, qui dans une
Eglogue, où il n'eſt pas queſtion de Satire, tourne d'un
ſeul vers deux Poetes de ſon temps en ridicule.

Qui Bavium non odit, amet tua carmina Mævi.
dit un Berger Satirique dans cet Eglogue. Et qu'on
ne me diſe point que Bavius & Mævius en cet endroit ſont des noms ſuppoſez : puiſque ce ſeroit donner un trop cruel dementi au docte Servius qui aſ-

feure positivement le contraire. En un mot qu'or-
donneront mes Censeurs de Catulle, de Martial, &
de tous les Poëtes de l'antiquité, qui n'en ont pas
usé avec plus de discretion que Virgile ? Que pen-
seront-ils de Voiture qui n'a point fait conscience
de rire aux dépens du celebre Neuf-Germain, quoi
qu'également recommandable par l'antiquité de sa
barbe,& par la nouveauté de sa Poësie ? Le banniront-
ils du Parnasse lui & tous les Poëtes de l'antiquité, pour
établir là seureté des Sots & des Ridicules? Si cela est,je
me consolerai aisément de mon exil:il y aura du plaisir
à estre relegué si en bonnecompagnie. Raillerie à part,
ces Messieurs veulent-ils estre plus sages que Scipion
& Lælius, plus delicats qu'Auguste, plus cruels que
Neron? Mais eux qui sont si rigoureux envers les Criti-
ques; d'où vient cette clemence qu'ils affectent pour les
méchans Auteurs? Je voy bien ce qui les afflige : ils ne
veulent pas estre détrompez : il leur fasche d'avoir
admiré serieusement des Ouvrages, que mes Satires
exposent à la risée de tout le monde; & de se voir con-
damnez à oublier dans leur vieillesse, ces mesmes vers
qu'ils ont autresfois appris par cœur, comme des
chefs-d'œuvres de l'art. Je les plains sans doute : mais
quel remede ? Faudra-t-il, pour s'accommoder à leur
goust particulier renoncer au sens commun ? Faudra-t-il applaudir indifferemment à toutes les imper-
tinences qu'un Ridicule aura répanduës sur le papier?
& au lieu qu'en certains pays on condamnoit les méchans Poëtes à effacer eux-mesmes leurs Escrits avec la
Langue , les Livres deviendront-ils desormais un

DISCOVRS SVR LA SATIRE.

azile inviolable , où toutes les fottifes auront droit
de Bourgeoifie , où l'on n'ofera toucher fans profa-
nation ? J'aurois bien d'autres chofes à dire fur ce fu-
jet. Mais comme j'ai déja traité de cette matiere,
dans ma derniere Satire ; il eft bon d'y renvoier le
Lecteur.

EXTRAICT DV PRIVILEGE DV ROY.

PAr grace & Privilege du Roi en datte du 6. Mars 1666. Signé par le
Roi en fon Confeil, LE GROS, il eft permis à Claude Barbin , d'imprimer & debiter pendant fept années , les *Satires du Sieur D**** &
deffenfes font faites à toutes perfonnes de quelque qualité & condition
qu'elles foient, de faire imprimer , vendre ni debiter lefdites *Satires* impri-
mées, fans le confentement dudit Barbin , ou de ceux qui auront droit de
lui, fous les peines portées par lefdites lettres de Privilege.

Ledit Barbin a affocié audit Privilege Loüis Billaine, Denys Thierry &
Frederic Leonard.

*Regiftré le 6. Aouft 1666. fur le Livre de la Communauté des Libraires
& Imprimeurs de Paris , fuivant & conformément à l'Arreft du Parlement
du 8. Avril 1653.*

Signé PIGET, *Sindic.*